La educación en California

Gretchen L. H. O'Brien, M.Ed.

Asesoras

Kristina Jovin, M.A.T.
Distrito Escolar Unificado Alvord
Maestra del Año

Vanessa Gunther, Ph. D.
Departamento de Historia
Universidad Chapman

Créditos de publicación

Rachelle Cracchiolo, M.S.Ed., *Editora comercial*
Conni Medina, M.A.Ed., *Redactora jefa*
Emily R. Smith, M.A.Ed., *Realizadora de la serie*
June Kikuchi, *Directora de contenido*
Caroline Gasca, M.S.Ed., *Editora superior*
Marc Pioch, M.A.Ed., y Susan Daddis, M.A.Ed., *Editores*
Sam Morales, M.A., *Editor asociado*
Courtney Roberson, *Diseñadora gráfica superior*
Jill Malcolm, *Diseñadora gráfica básica*

Créditos de imágenes: pág.4 California Digital Newspaper Collection; pág.5 (superior) cortesía de Braun Research Library Collection, Autry Museum, Los Angeles; P.32405, (página entera) The British Library; págs.6–7 Library of Congress [LC-DIG-pga-00311]; pág.7 (superior) San Francisco History Center, San Francisco Public Library; pág.8 (inferior) Tom Munnecke/Getty Images; págs.8–9, 29 (superior) Creative Commons Attribution-Share Alike 3.0 Unported de Falcorian; pág.10 Justin Sullivan/Getty Images; pág.12 ZUMA Press, Inc./ Alamy Stock Photo; pág.13 Tower Glass Inc. pág.14 Chloe Aftel/Contour por Getty Images; pág.16 Jonathan Nackstrand/AFP/Getty Images; págs.18–19 USC Libraries. California Historical Society Collection, 1860–1960; págs.20 (inferior), 21 (superior), 29 (centro) Stanford University Libraries, Historical Photograph Collection; pág.22 Archive Photos/Getty Images; pág.23 NCAA Photos/Getty Images; pág.25 NASA; pág.26 Jamie Schwaberow/NCAA Photos a través de Getty Images; págs.26–27, 32 Wally Skalij/Los Angeles Times a través de Getty Images; págs.28–29 Tara Ziemba/Getty Images; pág.29 (inferior) Jamie Schwaberow/ NCAA Photos a través de Getty Images; todas las demás imágenes cortesía de iStock y/o Shutterstock.

Library of Congress Cataloging-in-Publication Data

Names: O'Brien, Gretchen L. H., author.
Title: La educación en California / Gretchen L. H. O'Brien, M.Ed.
Other titles: Education in California. Spanish
Description: Huntington Beach, CA : Teacher Created Materials 2020. | Includes index. | Audience: Grade 4 to 6.
Identifiers: LCCN 2019016068 (print) | LCCN 2019981293 (ebook) | ISBN 9780743912907 (paperback) | ISBN 9780743912914 (ebook)
Subjects: LCSH: Education--California--Juvenile literature. | Schools--California--Juvenile literature.
Classification: LCC L124 .O3718 2020 (print) | LCC L124 (ebook) | DDC 371.009794--dc23

Teacher Created Materials

5301 Oceanus Drive
Huntington Beach, CA 92649-1030
www.tcmpub.com

ISBN 978-0-7439-1290-7
© 2020 Teacher Created Materials, Inc.
Printed in China
Nordica.102019.CA21901929

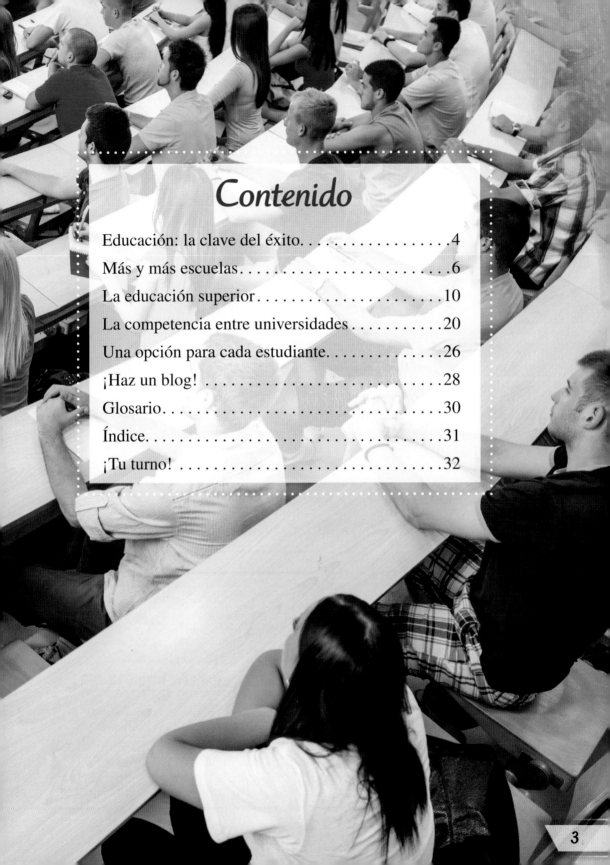

Contenido

Educación: la clave del éxito

California posee el sistema educativo más grande del país. Un sistema educativo incluye todos los grados desde el kínder hasta la universidad. Todos los días, millones de estudiantes asisten a las escuelas.

Las escuelas del estado tuvieron un comienzo sencillo. Los primeros colonos pensaban que la educación era **crucial** para fortalecer una comunidad. Olive Isbell fue una de esas personas. Isbell fundó la primera escuela estadounidense en Santa Clara en 1846. Esto fue antes de que California se convirtiera en estado. Tres años después, un **delegado** llamado Robert Semple dio un discurso. Habló sobre la importancia de las escuelas. Dijo que las buenas escuelas serían la clave del éxito del estado. Muchos estuvieron de acuerdo. Su discurso sentó las bases del sistema educativo actual del estado.

Cinco años después de la escuela de Isbell, abrieron sus puertas las primeras universidades del estado. Hoy, el estado cuenta con algunas de las mejores universidades del mundo.

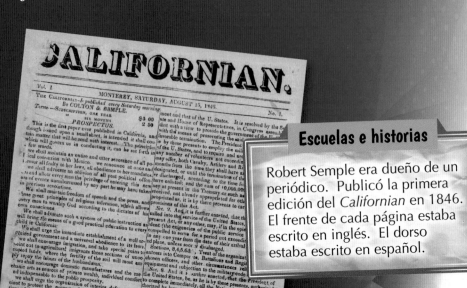

Escuelas e historias

Robert Semple era dueño de un periódico. Publicó la primera edición del *Californian* en 1846. El frente de cada página estaba escrito en inglés. El dorso estaba escrito en español.

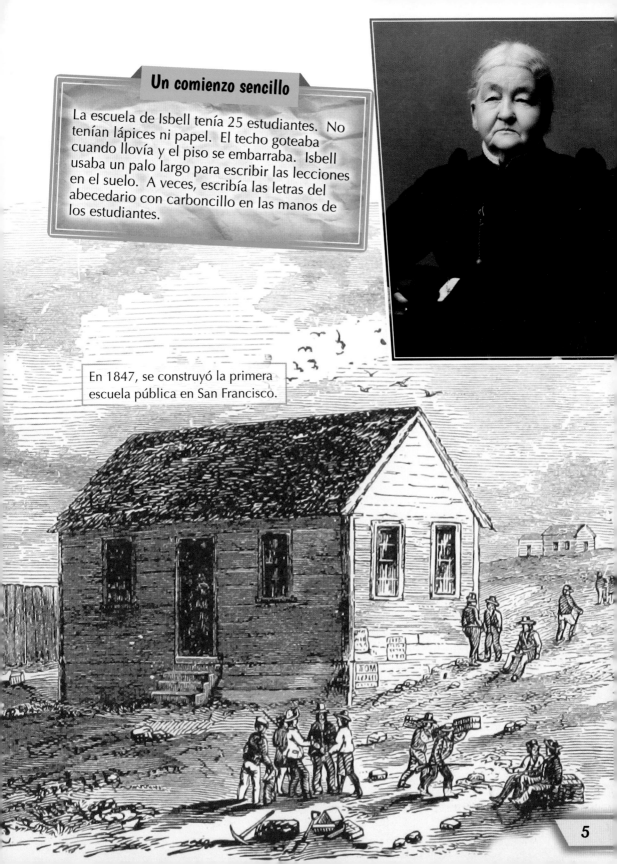

Un comienzo sencillo

La escuela de Isbell tenía 25 estudiantes. No tenían lápices ni papel. El techo goteaba cuando llovía y el piso se embarraba. Isbell usaba un palo largo para escribir las lecciones en el suelo. A veces, escribía las letras del abecedario con carboncillo en las manos de los estudiantes.

En 1847, se construyó la primera escuela pública en San Francisco.

Más y más escuelas

El siglo XIX fue una época de crecimiento para California. Muchas personas se mudaron hacia el oeste con la esperanza de hacerse ricas. Esos colonos querían un futuro mejor para sus familias. Vieron a las escuelas como una manera de alcanzar la vida que deseaban. Los colonos también insistieron en que las escuelas fueran gratuitas. Las personas pagaban impuestos para que así fuera. Hoy, las escuelas públicas siguen siendo gratuitas.

De la década de 1850 a la década de 1870, hubo tres meses de escuela por año. Los estudiantes recibían una educación muy básica. Asistían a la escuela primaria. Si querían continuar sus estudios, las familias debían pagar. A comienzos de la década de 1850, la cantidad de habitantes de California estaba creciendo. Se necesitaban más escuelas y maestros. La primera escuela "normal" se fundó en 1857. Las escuelas normales eran escuelas que preparaban a los alumnos para ser maestros. Estas escuelas **evolucionaron** hasta dar lugar al sistema de educación superior.

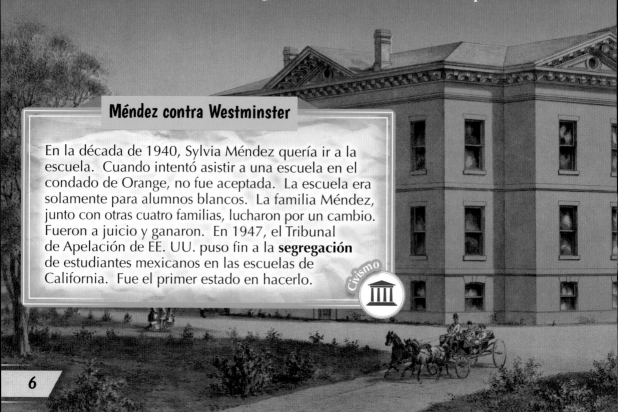

Méndez contra Westminster

En la década de 1940, Sylvia Méndez quería ir a la escuela. Cuando intentó asistir a una escuela en el condado de Orange, no fue aceptada. La escuela era solamente para alumnos blancos. La familia Méndez, junto con otras cuatro familias, lucharon por un cambio. Fueron a juicio y ganaron. En 1947, el Tribunal de Apelación de EE. UU. puso fin a la **segregación** de estudiantes mexicanos en las escuelas de California. Fue el primer estado en hacerlo.

Civismo

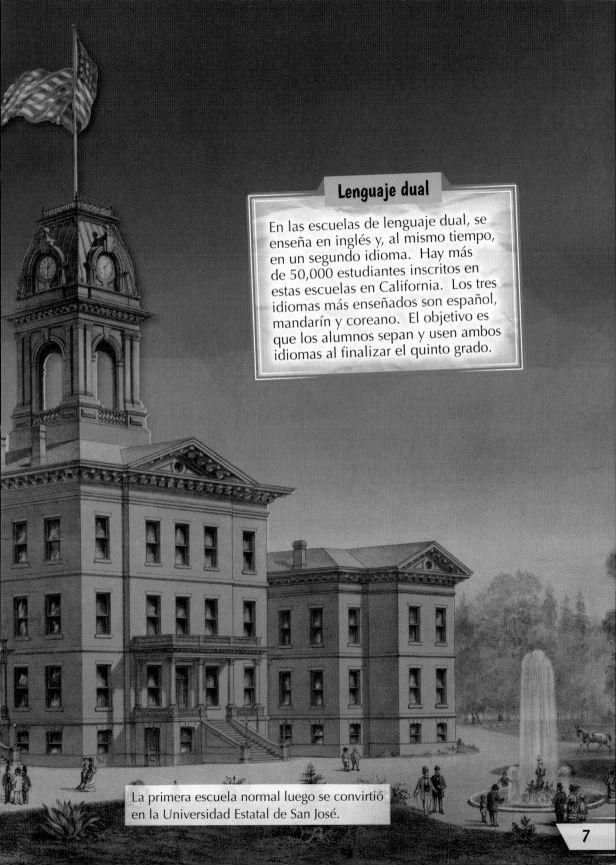

Lenguaje dual

En las escuelas de lenguaje dual, se enseña en inglés y, al mismo tiempo, en un segundo idioma. Hay más de 50,000 estudiantes inscritos en estas escuelas en California. Los tres idiomas más enseñados son español, mandarín y coreano. El objetivo es que los alumnos sepan y usen ambos idiomas al finalizar el quinto grado.

La primera escuela normal luego se convirtió en la Universidad Estatal de San José.

Llegaron más personas al estado. El sistema educativo también tenía que crecer. Los pobladores construyeron más escuelas primarias para satisfacer la demanda. Las familias pagaban para que sus hijos fueran al bachillerato. En poco tiempo, se construyeron más de estas escuelas. Los estudiantes querían seguir estudiando después de terminar el bachillerato. Las universidades cubrieron esa necesidad.

La Escuela Normal Nocturna Minn se fundó a mediados del siglo XIX. Al principio, fue una escuela normal privada para maestros. En 1862, se convirtió en una escuela estatal pública. En ese momento, fue necesario un nuevo edificio. Se eligió la ciudad de San José para la nueva sede. La escuela pasó a llamarse Universidad Estatal de San José. Fue el primer campus de lo que sería el nuevo sistema de la Universidad Estatal de California (CSU).

En 1868, abrió en Oakland el primer campus de la Universidad de California (UC). Las clases comenzaron el año siguiente. Cuando abrió, la universidad tenía solo 40 alumnos. Más tarde se convirtió en la Universidad de California en Berkeley. Hoy es reconocida como una de las mejores universidades del país.

Un orgullo de Berkeley

Steve Wozniak fue un estudiante de la UC en Berkeley. A través de un amigo, conoció a un hombre llamado Steve Jobs. Los dos Steve compartían la pasión por la tecnología y se hicieron buenos amigos. En 1976, fundaron una empresa informática. Después de algunas idas y vueltas, eligieron un nombre para su empresa: Apple®.

Economía

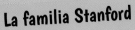

Las primeras universidades privadas se fundaron a mediados del siglo XIX. Una de las más famosas del estado es la Universidad Stanford. Leland y Jane Stanford fundaron la universidad para honrar a su único hijo, que había muerto. Dijeron: "Los hijos de California serán nuestros hijos".

iglesia Memorial de Stanford

South Hall se construyó en 1873 y es el edificio más antiguo del campus de la UC en Berkeley.

La educación superior

El sistema de educación superior del estado creció a partir de la necesidad. Todos los estudios que se realizan después del bachillerato se llaman *educación superior*. La educación superior no es obligatoria. Pero si alguien en California decide seguir estudiando después del bachillerato, tiene muchas opciones.

California tiene cientos de campus universitarios. Con tantas opciones, es importante conocer cada una. Hay tres tipos principales de centros de educación superior en California.

El primer tipo son los centros comunitarios de educación superior o *community colleges*. Los alumnos generalmente asisten a estos centros durante dos años. El segundo tipo es el sistema universitario estatal. Está formado por los campus de la CSU y la UC. El tercero son las universidades privadas. Los alumnos suelen asistir a las universidades estatales y privadas durante cuatro años.

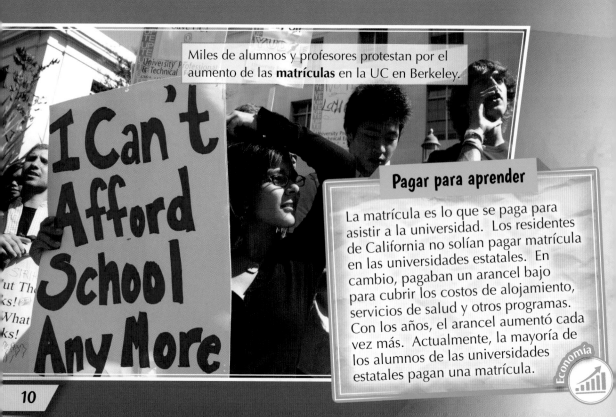

Miles de alumnos y profesores protestan por el aumento de las **matrículas** en la UC en Berkeley.

Pagar para aprender

La matrícula es lo que se paga para asistir a la universidad. Los residentes de California no solían pagar matrícula en las universidades estatales. En cambio, pagaban un arancel bajo para cubrir los costos de alojamiento, servicios de salud y otros programas. Con los años, el arancel aumentó cada vez más. Actualmente, la mayoría de los alumnos de las universidades estatales pagan una matrícula.

Economía

Al terminar el bachillerato, los estudiantes pueden seguir estudiando. En los institutos de educación superior o *colleges*, se obtienen **títulos** tales como títulos técnicos o licenciaturas. En las universidades también se pueden obtener esos títulos. Pero, además, se pueden obtener títulos tales como maestrías o doctorados.

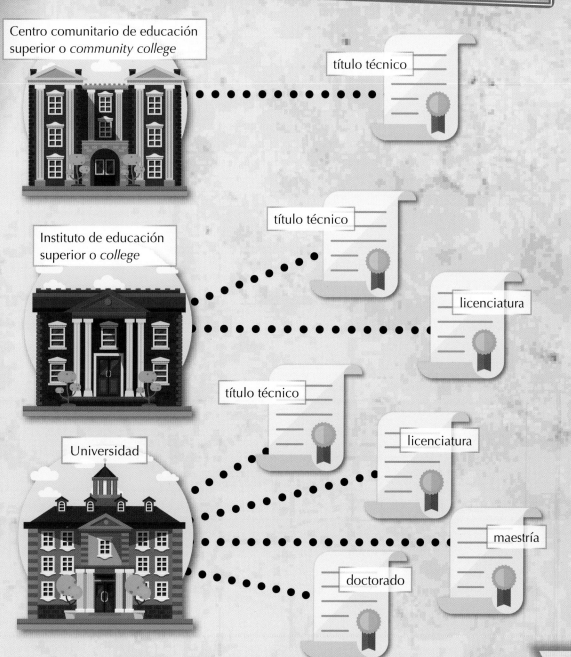

Centro comunitario de educación superior o *community college*

título técnico

Instituto de educación superior o *college*

título técnico

licenciatura

título técnico

licenciatura

Universidad

maestría

doctorado

La educación superior puede ser costosa si se suman la matrícula y otras cosas, como el alojamiento, la comida y los libros. Algunos alumnos necesitan ayuda para pagar estos costos. Existen muchos tipos de ayudas económicas para aquellos que no pueden pagar la universidad. Pueden solicitar **subvenciones**, préstamos y **becas**. El gobierno federal y el gobierno estatal ofrecen a los estudiantes muchas ayudas económicas. Las universidades y otras fundaciones, también.

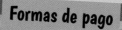

Economía

Un profesor de un centro comunitario de educación superior muestra cómo usar un microscopio.

Los centros comunitarios de educación superior

Hay 113 centros comunitarios de educación superior o *community colleges* en el estado. Hay más que en cualquier otro estado del país. Cada año, más de dos millones de alumnos asisten a centros comunitarios en California. Estos centros son una gran opción. Algunos alumnos no están seguros de qué desean estudiar. Asisten a los centros comunitarios de educación superior para decidir qué quieren aprender. Otros saben qué quieren hacer. Generalmente asisten a estos centros durante dos años. Obtienen diplomaturas o títulos técnicos en enfermería u otras áreas.

Algunos alumnos asisten a los centros comunitarios durante dos o tres años. Luego, solicitan una **transferencia** a una universidad estatal o privada. Estudiar en los centros comunitarios les permite ahorrar dinero. Uno de cada tres graduados de la UC comenzó en un centro comunitario del estado. La mitad de los graduados de la CSU también comenzaron allí. Para muchos alumnos, es una excelente manera de obtener una educación superior.

Orange Coast

Orange Coast College está considerado como uno de los mejores centros comunitarios de educación superior del estado. Se encuentra en Costa Mesa, California. Tiene uno de los índices de transferencia más altos del estado. Muchos estudiantes se transfieren a la UC y la CSU.

Las universidades estatales

Hay dos tipos de universidades estatales: CSU y UC. El sistema de la CSU comenzó como centros de estudios independientes que no tenían ninguna relación. Allí se capacitaban maestros. Con los años, los centros se diversificaron y comenzaron a enseñarse más materias. Luego, en 1960, se combinaron y formaron un sistema.

Actualmente, el sistema de la CSU está compuesto por 23 campus. Se extienden desde San Diego en el sur hasta Humboldt en el norte. Todos los años, cientos de miles de alumnos asisten a clases en los campus de la CSU. La CSU es el sistema de universidad pública de carreras de cuatro años más grande del país.

En 2013, el sistema de la CSU emprendió una nueva **iniciativa**. Ahora ofrece cursos en línea para todos los alumnos. Nunca se había implementado algo así a tan gran escala. Actualmente, hay una amplia variedad de carreras para elegir. Por lo tanto, los alumnos pueden hallar la mejor opción para ellos.

De la CSU a la UC

El autor Gary Soto estudiaba en la CSU, en Fresno, cuando encontró un libro de poemas en la biblioteca. El libro despertó en Soto la pasión por la escritura. Publicó su primer libro de poemas en 1977. Luego escribió cuentos y más poemas. Muchos están basados en su vida y describen cómo fue crecer siendo mexicoamericano.

FRESNO STATE

Los primeros de la familia

Uno de cada tres estudiantes de la CSU es primera generación de estudiantes universitarios. Esto quiere decir que son la primera persona de su familia que va a la universidad. Este es un logro importantísimo. Pero puede resultar difícil para esos estudiantes ser los primeros. Afortunadamente, el personal de los centros de estudios de la CSU se asegura de que todos los estudiantes tengan el apoyo que necesitan para completar su educación superior.

En 1855, se creó el College of California en Oakland. Era un centro educativo privado pequeño. Al crecer, el edificio pronto quedó pequeño, entonces, la institución **se fusionó** con una universidad estatal. La nueva universidad se llamó Universidad de California en Berkeley. Fue el primero de los campus de la UC. El sistema de la UC ha crecido mucho desde entonces. Actualmente, está formado por 10 sedes. Más de 238,000 estudiantes toman clases en las sedes de la UC cada año.

El sistema de la UC tiene tres laboratorios nacionales. Allí los alumnos trabajan con el gobierno para estudiar nuevas formas de **energía**. El sistema de la UC también tiene seis centros médicos. Los alumnos que quieren ser médicos pueden aprender allí. Si los alumnos no quieren ser científicos ni médicos, también hay lugar para ellos. El sistema de la UC ofrece más de 150 **disciplinas**. Los estudiantes de la UC pueden estudiar todo tipo de materias, como química, arte, música, historia e inglés.

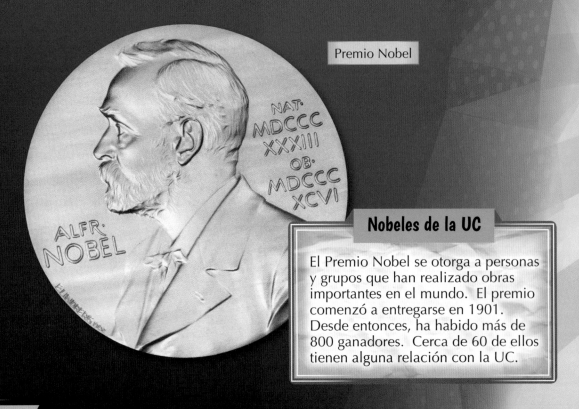

Premio Nobel

Nobeles de la UC

El Premio Nobel se otorga a personas y grupos que han realizado obras importantes en el mundo. El premio comenzó a entregarse en 1901. Desde entonces, ha habido más de 800 ganadores. Cerca de 60 de ellos tienen alguna relación con la UC.

Puestos destacados

En 2016, la revista *Money* hizo una lista de los 100 mejores centros de estudios del país. La revista analizó las mejores propuestas de cada uno. En la lista se mencionan cinco campus de la UC entre los mejores 20. La UC en Berkeley obtuvo el puesto más alto: el quinto. San Diego, Irvine, Davis y Los Ángeles también fueron incluidas en la lista.

Clave

- ● Universidad de California (UC)
- ● Universidad Estatal de California (CSU)
- ● Ambas

Humboldt

Chico

Sonoma
Davis
Sacramento
Maritime
Berkeley
East Bay
San Francisco
Stanislaus
San José
Merced
Santa Cruz
Monterey Bay
Fresno

San Luis Obispo
Bakersfield

Santa Bárbara
Pomona
San Bernardino
Northridge
Channel Islands
Riverside
Los Ángeles
Fullerton
Domínguez Hills
Irvine
Long Beach
San Marcos
San Diego

Las universidades privadas

Hay 185 universidades privadas en California. Son más costosas que las universidades estatales. Algunos alumnos creen que el costo vale la pena. Algunas universidades privadas están orientadas a un área de estudio específica. Es posible que enseñen religión, matemáticas o arte. O pueden estar orientadas a un grupo pequeño de áreas de estudio, como la investigación o las **humanidades**. Otras universidades privadas solamente ofrecen clases en línea.

Luz, cámara, ¡acción!

La USC es famosa por su programa de cine. Comenzó en 1929 y fue el primero en el país. Muchos actores, directores y productores graduados en la USC han ganado premios por su trabajo.

campus de la USC en 1910

Hay universidades privadas de todos los tamaños. Algunas tienen menos de 500 alumnos inscritos. Otras son enormes. La Universidad del Sur de California (USC) es la más grande del estado. ¡Tiene más de 40,000 alumnos! También es una de las universidades más antiguas de California. Se fundó en Los Ángeles en 1880. ¡En esa época, la ciudad no tenía teléfonos, luz eléctrica ni calles pavimentadas! Actualmente, la USC es una de las universidades mejor calificadas del mundo.

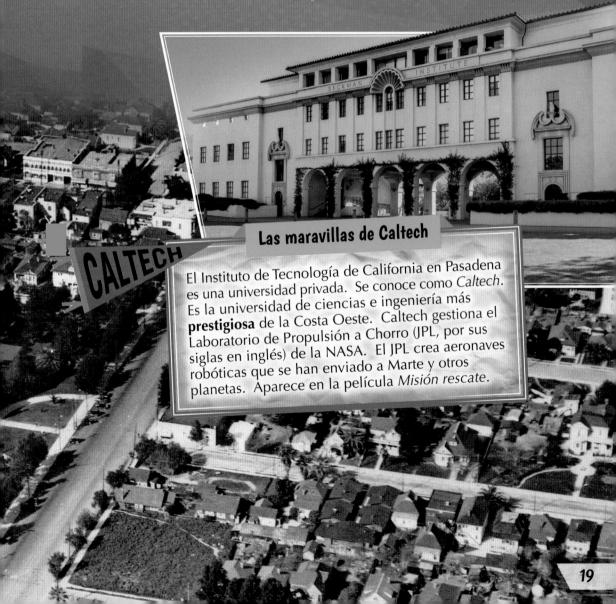

Las maravillas de Caltech

El Instituto de Tecnología de California en Pasadena es una universidad privada. Se conoce como *Caltech*. Es la universidad de ciencias e ingeniería más **prestigiosa** de la Costa Oeste. Caltech gestiona el Laboratorio de Propulsión a Chorro (JPL, por sus siglas en inglés) de la NASA. El JPL crea aeronaves robóticas que se han enviado a Marte y otros planetas. Aparece en la película *Misión rescate*.

La competencia entre universidades

Tanto si asisten a universidades estatales como privadas, la mayoría de los alumnos sienten orgullo por su universidad. Este orgullo suele crear **rivalidades** entre algunas universidades. Los alumnos se toman muy en serio estas rivalidades. Es posible que decidan ir a una universidad debido a una rivalidad. Durante sus años en la universidad, siempre intentan superar a sus rivales.

La batalla del norte

Una de las rivalidades más antiguas es la que existe entre dos de las primeras universidades que se fundaron en el estado. La Universidad Stanford y la UC en Berkeley han competido durante muchos años. Los alumnos se esfuerzan por lograr que su universidad sea la mejor. Hasta los equipos deportivos son rivales. Cuando juegan sus equipos de fútbol americano, el partido se conoce como el *Gran juego*. El primer partido fue en 1892. Es una de las competencias deportivas más antiguas del estado.

equipo de fútbol americano de Stanford

Los mejores del Oeste

Los 12 del Pacífico es un grupo de equipos deportivos universitarios del Oeste. Cuatro de los equipos son de California. Los otros ocho son de universidades de Arizona, Utah, Oregón, Washington y Colorado. Estos equipos compiten entre sí todos los años. Muchas universidades son rivales **acérrimos** y compiten por ser la mejor.

Geografía

El hacha de la discordia

En 1899, los alumnos de Berkeley robaron un hacha en un partido de béisbol universitario. Los alumnos de Stanford usaban el hacha para dirigir a sus seguidores mientras alentaban al equipo. Los alumnos de Berkeley robaron el hacha cuando terminó el partido. Hubo una gran persecución por las calles de San Francisco hasta que lograron escapar. El hacha quedó guardada en el campus de Berkeley durante 31 años antes de que los alumnos de Stanford la robaran nuevamente. Hoy, el hacha se usa como trofeo del Gran juego.

Rivalidad de ciudad

Los Ángeles es el escenario de una de las rivalidades más acérrimas del país. Los alumnos de la UC en Los Ángeles (UCLA) y la USC han competido desde la década de 1920. Los dos campus se encuentran a menos de 20 millas (32 kilómetros) de distancia. Pero están muy lejos de ser vecinos amables.

Los deportes ocupan un lugar importante en esta rivalidad. Desde 2001, las dos universidades han competido por la copa Crosstown. Los alumnos llevan la cuenta de quién gana cada vez que las universidades se enfrentan en una competencia deportiva. A fin de año, la universidad con más victorias obtiene la copa.

La rivalidad no termina en los deportes. La USC y la UCLA tienen programas educativos muy sólidos en el campo de la medicina. Y ambas se dedican a la investigación. Los estudiantes también compiten por ganar la mayor cantidad de premios en estos campos.

Una estrella deportiva de la UCLA

Jackie Robinson fue el primer afroamericano en jugar en las Grandes Ligas de Béisbol. Antes de vencer ese obstáculo, ya había superado otros. Cuando estudiaba en la UCLA, competía en cuatro deportes. Pertenecía a los equipos de béisbol, fútbol americano y básquetbol. También era una estrella del atletismo.

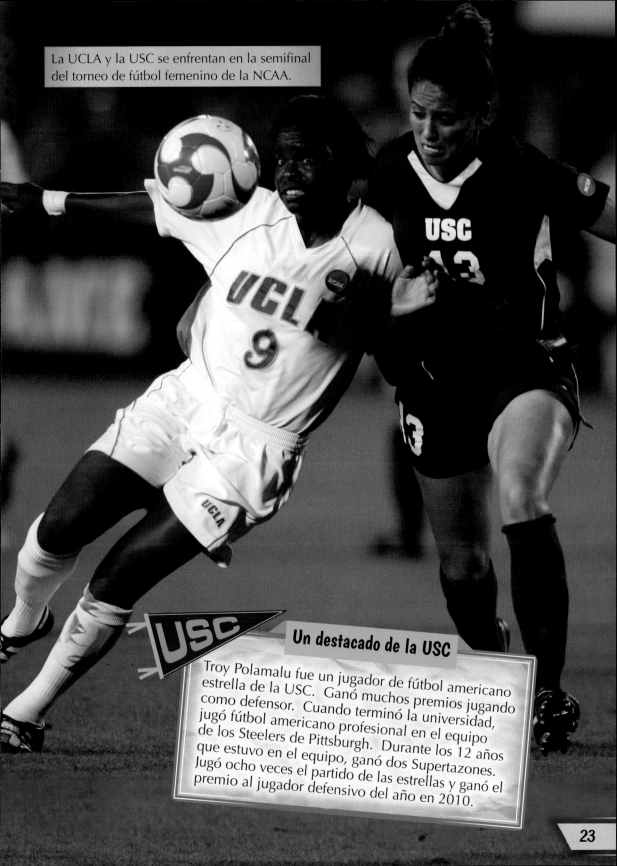

La UCLA y la USC se enfrentan en la semifinal del torneo de fútbol femenino de la NCAA.

Un destacado de la USC

Troy Polamalu fue un jugador de fútbol americano estrella de la USC. Ganó muchos premios jugando como defensor. Cuando terminó la universidad, jugó fútbol americano profesional en el equipo de los Steelers de Pittsburgh. Durante los 12 años que estuvo en el equipo, ganó dos Supertazones. Jugó ocho veces el partido de las estrellas y ganó el premio al jugador defensivo del año en 2010.

Guerreros y dioses

La **mascota** de la SDSU es un guerrero azteca. Los aztecas fueron una civilización ubicada en México y se la considera una de las más avanzadas de su época. La mascota de la UCSD es el rey Tritón. Tritón es un dios griego del mar que tiene una cola de pez en lugar de piernas y siempre lleva un tridente.

Hepner Hall es uno de los edificios más antiguos del campus de la SDSU.

Lo nuevo y lo antiguo

Más al sur, otra rivalidad ha hecho que los residentes de San Diego tomaran partido. La Universidad Estatal de San Diego (SDSU) es parte del sistema de la CSU. La Universidad de California en San Diego (UCSD) está apenas al norte de la SDSU. La UCSD es una universidad mucho más nueva que su rival. La SDSU se fundó en 1897. Es la universidad más antigua y grande de San Diego. La UCSD se fundó en 1960. Se la conoce como la universidad que es el "hermano menor" en San Diego.

Actualmente, la SDSU y la UCSD tienen alrededor de 35,000 alumnos cada una. Las dos universidades no se enfrentan muy a menudo en competencias deportivas. Pero cuando lo hacen, los alumnos alientan a gran voz a sus universidades. Del lado de la SDSU, corean cánticos contra el "hermano menor". Del otro lado, los seguidores de la UCSD responden con fuerza "creo que vamos a ganar". Ambos equipos quieren ser lo mejor que San Diego tiene para ofrecer.

Directora Ochoa

En 1993, Ellen Ochoa se convirtió en la primera mujer hispana en ir al espacio. Después de hacer tres viajes más, fue nombrada directora del Centro Espacial Johnson. Ochoa dice que debe todo su éxito a su "buena formación". ¿Cuál fue esa formación? Parte de ella la realizó en la SDSU.

Una opción para cada estudiante

En California hay una universidad para cada estudiante. Cada institución es excelente por diferentes motivos. Los colonos tenían razón en aquel entonces. La educación es importante. Ha ayudado a que California se convierta en un gran estado.

En cualquier institución que escoja un alumno, recibirá una educación excelente. Escoger la opción correcta depende de lo que esperes obtener. Si alguien quiere aprender un poco de todo, un centro comunitario de educación superior podría ser la mejor manera de comenzar. Otros alumnos quizás deseen aprender mucho de una cosa en particular. Ahí es cuando las universidades estatales y privadas pueden ser de ayuda.

No importa lo que quieras hacer en la vida, la educación cumple una función clave. La educación ayuda a que las personas aprendan nuevas destrezas para alcanzar sus sueños. Así que, ¡no dejes de estudiar!

Las universidades de Claremont

A unas 35 millas (56 kilómetros) al este de Los Ángeles se encuentra la ciudad de Claremont. La ciudad alberga un **consorcio** de cinco universidades privadas pequeñas. Comparten muchos recursos, como los comedores y las bibliotecas. Los alumnos pueden tomar clases en cualquiera de los campus. Pomona College es la más antigua. Scripps College es **exclusiva** para mujeres. Pitzer College, Harvey Mudd College y Claremont McKenna College también pertenecen al consorcio.

La graduación es un momento emocionante. En la foto, unos estudiantes de la UCLA celebran sus logros.

¡Haz un blog!

¿Cómo puedes decidir qué centro de educación superior es el mejor para ti? Primero, investiga algunas opciones. Piensa en lo que es importante para ti. ¿Quieres dedicarte a un área de estudio? ¿O quieres aprender muchas cosas diferentes? ¿Quieres que el enfoque de tu universidad sea el arte, la música o la literatura? ¿Estás más interesado en las ciencias y las matemáticas? ¿Dónde quieres vivir?

Después de escoger una institución, escribe una entrada de blog para defender tu postura. Intenta convencer a tus amigos de que vayan a tu institución. Luego, intercambia con tus compañeros lo que escribiste y lee sobre sus opciones. ¿Aún piensas que elegiste la mejor opción? Si no es así, escribe una nueva entrada en el blog sobre por qué tu nueva elección será mejor para ti.

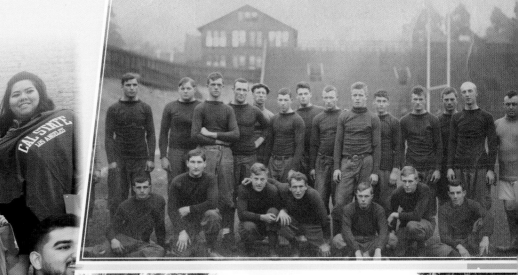

POMONA COLLEGE

LET ONLY THE
EACER THOVCHTFVL
AND REVERENT
ENTER HERE.

Glosario

acérrimos: que son decididos o extremos

becas: sumas de dinero que se otorgan como ayuda para pagar los estudios

consorcio: un grupo que ha acordado compartir recursos y que tiene el mismo propósito

crucial: muy importante

delegado: una persona elegida para hablar en nombre de un estado cuando se hacen nuevas leyes y se toman decisiones sobre ese estado

disciplinas: áreas de estudio

energía: la capacidad de transformar o mover algo; proviene de distintas fuentes, como el calor, la electricidad, el viento o el sol

evolucionaron: se desarrollaron a partir de otra cosa

exclusiva: que está reservada solo para alguien o algo

humanidades: conjunto de estudios o disciplinas relacionadas con el ser humano, como los idiomas, la literatura, el arte o la historia

iniciativa: un programa o un plan diseñado para resolver un problema

mascota: una persona, un objeto o un animal que se usa como símbolo para representar a un grupo

matrículas: el dinero que se paga a un centro educativo para estudiar allí

prestigiosa: que tiene influencia, estima o autoridad

rivalidades: situaciones en las que las personas o los equipos compiten entre sí

se fusionó: se unió con otra cosa

segregación: la práctica de separar grupos de personas de acuerdo con su raza o religión

subvenciones: sumas de dinero que se otorgan a las personas para que realicen proyectos

títulos: documentos que se otorgan a quienes se gradúan de un centro de educación superior

transferencia: la acción de trasladarse a un lugar diferente

Índice

¡Tu turno!

Un discurso especial

Muchos graduados dan discursos que describen de qué manera sus experiencias en los centros de educación superior han influido en su visión del mundo. Si tuvieras que dar un discurso de graduación frente a tus compañeros, ¿qué dirías? Escribe un discurso sobre los mejores momentos que viviste junto a tus maestros y compañeros. ¿Cómo te ayudaron dentro y fuera del salón de clases?